O raciones a Dios
Que las palabras fluyan como río

Mario Córdova García

Oraciones a Dios

Que las palabras fluyan como río

DELFÍN EDITORIAL

Editor y coordinador: F. Ramón Mendoza Ruiz

Compilador: Mario Córdova García
Radio Fórmula

Diseño de portada: Kathia Recio

Ilustración de interiores: Juan Bellalussca

Diseño, formación y corrección: Alejandro Barbosa

Av. Miguel Bernard 457 And. 11/121
Col. San José Ticomán
México, D.F. CP 07340
e-mail: delfineditorial@prodigy.net.mx
Tel. (55) 57 52 72 71

Miembro de la Cámara Nacional de la Industria
Editorial Mexicana – Reg. Núm. 3451

© Primera edición, agosto 2011

D.R. Derechos Reservados

ISBN-978-607-7942-22-1

> Colección: **Más Lectores**

Impreso en México
Printed in Mexico

Introducción

Cuántas veces hemos escuchado decir ¿qué es orar? o ¡no sé orar! Y lo más llamativo es saber que no hemos hecho lo posible por buscar respuestas a este tema.

Algunos de los santos de nuestra Iglesia decían:

La oración es hablar con Dios.

Juan Crisóstomo

La oración es el piadoso afecto a la mente a Dios dirigido.

San Buenaventura

La oración es pensar en Dios amándole.

C. Foucald

En verdad, todas estas respuestas contienen una sabiduría del Espíritu Santo. La oración, en efecto, es hablar con Dios, aunque parezca increíble o dudoso, esto es una gran verdad, Dios nos escucha.

Existen infinidad de libros y lecturas que tocan el tema de la oración, los más importantes son los versículos de las Santas Escrituras.

Por eso les digo: todo cuanto pidan en la oración, crean que ya lo han recibido y lo obtendrán. Mc 11, 24.

Les propuso una parábola para inculcarles que era preciso orar sin desfallecer. Lc 18,1.

Tú, en cambio, cuando vayas a orar, entra en tu cuarto y después de cerrar la puerta, ora a tu padre, que está allá, en lo secreto y tu padre, que ve en lo secreto, te recompensará. Mt 6,6.

Y al orar, no hablen mucho, como los gentiles, que figuran que por su palabrería van a ser escuchados. No sean como ellos, porque su padre sabe lo que necesitan antes de pedírselo. Ustedes, pues, oren así. Mt 6,7. Y es precisamente en este capítulo donde nos regala Nuestro Señor Jesucristo la oración más hermosa y completa que es el Padre Nuestro.

En el programa de radio "Encuentro con tu ángel" se realizó una convocatoria para que los radioescuchas enviaran una oración hecha por ellos mismos.

En este libro te presentamos algunas de esas "inspiraciones" que esperemos te sirvan de ayuda en la búsqueda de encontrar tu propia oración, ésa que sale del corazón cuando estás en comunión con Nuestro Padre.

No necesitas ser experto en letras para escribir una oración, Dios te ama y quiere lo que salga de tu corazón. Él te conoce y sabe de tus necesidades mucho antes de que tú la pidas. A través de seguir orando encontrarás una paz única. En ella hallarás respuestas a las interrogantes que tanto te afligen.

Ora en cualquier momento, no necesitas estar pasando por situaciones difíciles para hacerlo.

Hay tanto que agradecerle y bendecirle, tanto qué aprender.

Dios te espera como padre amoroso a que platiques con Él. Ábrele tu corazón, que las palabras fluyan como río.

Te invito a dejar la apatía, a buscar la verdadera felicidad que encontrarás platicando con Dios Padre, Dios Hijo y Dios Espíritu Santo.

Que Dios te bendiga en este… encuentro con Él.

MARIO CÓRDOVA GARCÍA

Oraciones a Dios

Padre Nuestro

Padre nuestro, que estás en el cielo
santificado sea tu Nombre;
venga a nosotros tu reino;
hágase tu voluntad en la Tierra como en el cielo,
Danos hoy nuestro pan de cada día;
perdona nuestras ofensas,
como también nosotros perdonamos
a los que nos ofenden;
no nos dejes caer
en la tentación y
líbranos del mal.

ORACIÓN A DIOS

Señor, Dios mío: ¡alabado seas!

Te doy las gracias por haber posado tus ojos en mí, por haberme bendecido con tu infinito amor, por haberme dado el regalo más grandioso que es mi familia, por permitir que se haya dado la unión y el perdón

¡Gracias por dejarme ver tus infinitas y maravillosas obras!, tan grandes y sencillas que pasan desapercibidas en ocasiones cuando no las vemos con el corazón. Abriga éste mi hogar y esta ofrenda que representa el alimento de mi alma. Da a todo aquel que te requiera la armonía y tu paz, perdona mi falta de juicio y falta de fe.

Aleja Señor de mi casa, de mi familia, de todo el mundo, a los demonios que acechan. Aleja envidias, rencores y blasfemias de mi persona de los demás.

Aleja de mí, todo signo de soberbia, los malos pensamientos y afrentas hacia los demás. No permitas que el mal me invada y gane la razón. No permitas que de mi boca salgan palabras que lastimen a los que amo. Invádeme de tu espíritu de compasión y cordura. Cuando más propenso esté a pecar, ayúdame a ayudar a quien lo necesita; a ser prudente y fuerte cuando esté por caer. Déjame pedir perdón y perdonar. Pon en mi boca las palabras para decir en el instante preciso. Déjame llenarme día con día de tu espíritu santo y no me dejes flaquear cuando mis propósitos sean buenos, anida en mi corazón Señor, y hágase por siempre tu voluntad.

Así sea.

Begole

¡Oh, mi Señor Dios! Tú que estás sobre todas las cosas, bendice a todos los padres e ilumínalos para que tengan serenidad y paciencia con sus hijos, para que los vean como su prójimo, los respeten, los quieran y los eduquen como a tu hijo Jesús.

Víctor Hugo Flores Peña

DIOS ME AMA

Padre mío amadísimo, te adoro, te doy gracias por ser Tú mi primer pensamiento, por darme la vida dentro de tu plan diario, gracias por la perfección de todo lo que Tú has creado; estoy aprendiendo a conocerte poco a poco.

Padre, Tú eres todo amor, eres misterio insospechado. A solas y en silencio te busco, déjame encontrarte, no permitas que mi voz se pierda cuando te ofrezco una plegaria que sale de mi corazón, una plegaria de agradecimiento porque nutres mi cuerpo con tu alimento espiritual que me da fortaleza y esperanza para seguir adelante; me das el conocimiento de aceptar que Tú eres mi padre amado. Gracias Señor por tu mirada paternal, por tu humildad, qué grande soy Señor por sentirme amada y protegida por Ti.

Dame la capacidad de amar y perdonar. Envía Señor tu Espíritu Santo; envía Señor tu luz y borra todos mis pecados, mis egoísmos, envidias, miedos, sana mis heridas. ¡Envíalo Señor!

Dame Señor la unión, el amor y la paz en mi familia, dame Señor el pan de cada día, bendice los hogares, bendice a los enfermos, a las madres solteras, a todos los niños del mundo, remedia según tu voluntad nuestras necesidades.

Gracias Señor que me permites confirmar toda tu maravillosa grandeza que jamás dejaré de admirar.

Te amo, Señor.

Fabiana Rosas Gasca

ORACIÓN DEL AÑO *1935*

¡Hijita mía! Al partir para la Gloria,
quiero dejarte en herencia mis purísimos ojos,
que sólo se emplearon en contemplar
a mi Santísimo Hijo:
Fija los tuyos en tu Crucifijo
y tendrás un espejo divino
en que aprender todas las virtudes.

Alejandra Robles

ORACIÓN A LA DIVINA PROVIDENCIA

¡Oh Divina Providencia!
¡Concédeme tu clemencia
y tu infinita bondad!
Arrodillada a tus plantas a Ti caridad portento.
Te pido para los míos casa, vestido y sustento.
Concédeles la salud, llévalos por buen camino.
Que sea siempre la virtud la que los guíe en su
 destino.
Tú eres toda mi esperanza.
Tú eres el consuelo mío.
En la que mi mente alcanza, en Ti creo,
 en Ti espero y en Ti confío.
Tu Divina Providencia se extienda a cada momento.
Para que nunca nos falte: casa, vestido y sustento.

ORACIÓN DE LA NOCHE

Antes de cerrar los ojos,
los labios y el corazón,
al final de la jornada,
¡buenas noches!, Padre Dios.

Gracias por todas las gracias
que nos ha dado tu amor;
si muchas son nuestras deudas,
infinito es tu perdón.
Mañana te serviremos,
en tu presencia, mejor.
A la sombra de tus alas,
Padre nuestro, abríganos.
Quédate junto a nosotros
y danos tu bendición.

Antes de cerrar los ojos,
los labios y el corazón,
al final de la jornada,
¡buenas noches! Padre Dios.

Gloria al Padre omnipotente,
gloria al Hijo redentor,
gloria al Espíritu Santo:
tres personas, sólo un Dios.

Amén.

ORACIÓN A NUESTRO PADRE SANTÍSIMO

¡Oh! Amado Señor y Dios mío:

Mi alma y corazón agradecen conmigo el gran regalo que me concedes al habitar dentro de mi corazón, como siento que lo haces.

Mas, ¿qué puedo darte a cambio de tanto amor y misericordia que tienes para conmigo?

Si solamente poseo este corazón lleno de amor hacia Ti, por eso mi alma te alaba y bendice constantemente, te ruego aceptes mi alma y corazón amadísimo, Padre poderoso y Señor mío.

A tu dulcísimo hijo Jesús, ruego interceda por mí y todos mis familiares, así como por todos los seres vivientes, y te suplico nos des tu divina luz que purifique nuestras almas y siempre logremos tu santa voluntad Santísimo Señor Jesús y no aspiremos más que a amarte, bendecirte y glorificarte, y así seamos merecedores de ser amados por Ti y por nuestro Santísimo Padre, así como por el Espíritu Santo.

A Ti, María Santísima, nuestra divina Madre, te ruego me inspires el mismo amor que Tú tienes por todos nosotros, para seguir en el verdadero camino hacia nuestro amado padre. También te suplico piedad para las ánimas benditas del purgatorio, te lo ruego por tu divino hijo Jesús.

Amén.

María Cefelia Ramos Chávez

Oración de reconciliación

Oh Jesús, a través de tu compasión,
enséñanos a perdonad desde el amor,
enséñanos a olvidar desde la humildad.
Ayúdanos a examinar nuestro corazón y
a ver si hay alguna herida no perdonada
o alguna amargura sin olvido.
Permite que el Espíritu Santo
penetre en mi espíritu y remueva
todo rastro de enojo.
Derrama tu amor, paz y alegría en
nuestros corazones, en proporción a
nuestro vacío de propia complacencia,
vanidad, ira y ambición.
Ayúdanos a cargar con ánimo
la Cruz de Cristo.

SANTÍSIMA MADRE DE GUADALUPE

Cubre con tu manto a todos los bebés
que han sido concebidos y están por nacer
da a sus papás y a sus mamás la gracia
de recibirlos con inmenso amor
y a cada uno de nosotros concédenos siempre
hacer cuanto esté a nuestro alcance
para protegerlos de todo peligro
te lo pedimos por Jesús, tu hijo amado,
fruto bendito de tu vientre.

Amén.

María Candelaria Roa

Oración y gracias para mi Creador

En el nombre del Padre, del Hijo y del Espíritu Santo, amén.

Padrecito eterno, estoy postrada en tus plantas divinas dándote las gracias por los seis años que me has estado dando licencia de seguir adelante, por la enfermedad que me detectaron hace precisamente seis años y me sigues dando la vida, a pesar de todos los estudios y tratamientos tan riesgosos que me hacen, pero hágase tu santa voluntad cuando Tú me quieras llamar para ir hacia Ti.

Te doy las gracias y te lo pido por tu Divino Hijo nuestro Señor Jesucristo.

Amén.

María de la Luz Jiménez Fernández

Gracias, Señor, por todo lo que en este día me diste.

Gracias por las horas de sol y los nublados tristes.

Gracias por las horas tranquilas y por las inquietas horas oscuras.

Gracias, Señor, por la sonrisa amable y la mano amiga; por el amor y por todo lo dulce.

Gracias por las flores y las estrellas, por la existencia de los niños y por las buenas almas.

Gracias Señor por la soledad, el trabajo, las dificultades y por todo lo que me acerca a Ti más íntimamente.

¡Por haberme dejado vivir!

Gracias señor por poner en mis manos la oportunidad de abrirte las puertas de mi casa, que es tu casa, y por permitirme disfrutar de tu compañía en estos ocho días.

Gracias, Señor de la misericordia.

María de la Luz Villanueva Ayala

ORACIÓN AL SAGRADO CORAZÓN DE JESÚS

Brazo poderoso, ante Ti, vengo con todas
las fuerzas de mi alma a buscar consuelo en esta
difícil situación. No me desampares en las
pruebas que me han de herir en mi camino, sea
tu brazo poderoso el que obre según tus
sagrados designios para darme la tranquilidad
que tanto ansío, aquí a tus plantas hago mis súplicas.

(Se pide el remedio de tres necesidades.)

Dígnate recibirlas porque las hace
un corazón afligido. Si el perdón divino no está a mi
favor sucumbiré por falta de tu ayuda.
Brazo poderoso ampara, asísteme, socorre
condúceme a la patria celestial.

Señor, toma mi vida nueva antes de que la espera desgaste años en mí. Estoy dispuesta a lo que quieras; no importa lo que sea, Tú llámame a servir.

Llévame donde los hombres necesiten tu palabra; que necesiten mis ganas de vivir, donde falte la esperanza, donde falte la alegría simplemente por no saber de Ti.

Te doy mi corazón sincero para gritar sin miedo tu grandeza. Señor, tendré mis manos sin cansancio, tu historia entre mis labios, mi fuerza en la oración.

Y así, en marcha iré cantando por pueblos predicando lo bello que es tu amor. Señor, tengo alma misionera, condúceme a la tierra que tenga sed de Ti.

Señor Jesús, Tú me llamaste por mi nombre y me enviaste a trabajar en tu vida; hazme hermano universal, con corazón abierto a todo el mundo. Enséñame a estar contigo para ser luego testigo entre los hermanos; hazme capaz de transmitir la buena nueva de tu reino.

Hazme valiente frente a la dura realidad y capaz de cualquier esfuerzo para mejorarla. Hazme cada día más consciente de tu mandato misionero. Indícame en dónde encontrar a mis hermanos y sugiéreme cómo llegar a sus corazones.

Enséñame la verdadera pobreza, la experiencia del corazón libre, la relatividad de los medios. Empápame de tu Palabra, para que me deje de llevar de tu espíritu, allá donde hay mayor urgencia del anuncio.

Concédeme tu paz, indícame caminos de paz para que pueda anunciarla, desearla y realizarla siempre. Manténme unida a Ti, Señor de la misericordia.

María de la Luz Villanueva Ayala

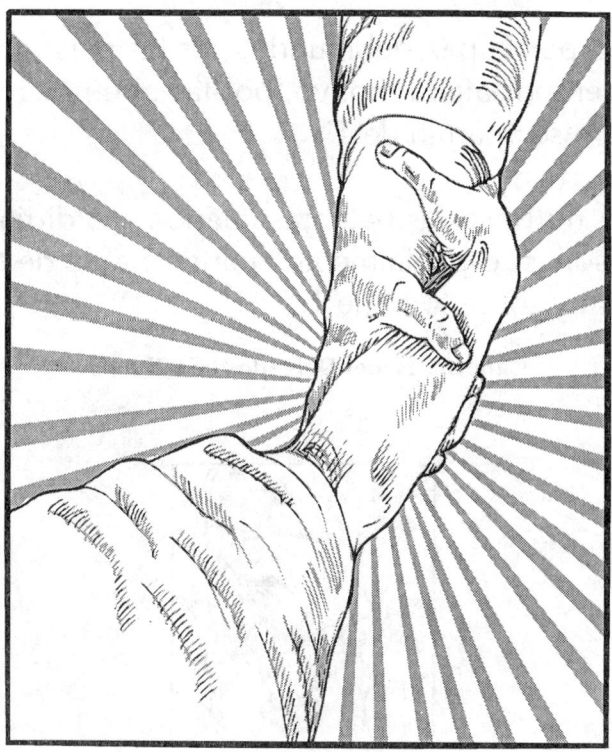

¡Oh, Dios!

En mi vocabulario no encuentro las palabras para decir lo grandioso de tu infinito amor y las maravillas que haces cada día en mí. Sólo te digo:

Gracias, Señor, gracias.

Quisiera no pedir nada porque todo me lo das Tú, pero mi necesidad es grande y Tú sabes cuál es. Dame fuerzas para seguir adelante.

Te pido por la paz del mundo, por las personas que sufren por algún motivo, por las que no te conocen o se apartan de Ti.

Pon en mi boca las palabras cuando me dirija a las personas, especialmente cuando hable de tu palabra y sobre todo de Ti.

Catalina Isabel Delgado Castellanos

ORACIÓN A JESÚS SACRAMENTADO

Señor, Tú conoces mi vida antes de que yo naciera. Permíteme reconocer mis errores, mis angustias, mis dolores morales y físicos.

Señor Jesús, sana las heridas de tiempos pasados y que sepa perdonar a quien me las haya ocasionado.

Señor Jesús, sana mi corazón de rencores pasados. Quiero ser humilde y comprensivo con mis semejantes. Ayúdame a servirte mejor.

Señor Jesús, perdona mis pecados y equivocaciones. Purifícame con la divina sangre de tu costado.

También, Señor Jesús, danos la sabiduría necesaria para que al hablar no digamos mentiras y lo que salga de nuestra boca nunca afecte a nadie.

Perdón Señor Jesús por no saber expresarme como yo quisiera, pero lo que te pido sale de lo más profundo de mi corazón.

Tu hija, quizá la menos indicada para hacerte estas peticiones.

María del Carmen Monroy Martínez

ORACIÓN DEL HOGAR

Señor, Dios nuestro, Tú nos has elegido paras ser tus santos y tus predilectos.

Revístenos de sentimientos de misericordia, de bondad, de humildad, de dulzura, de paciencia.

Ayúdanos a comprendernos mutuamente cuando tengamos algún motivo de queja, lo mismo que Tú Señor, nos has perdonado.

Sobre todo, danos esa caridad que es vínculo de perfección.

Que la paz de Cristo brille en nuestros corazones. Esa paz que debe reinar en la unidad de tu cuerpo místico.

Que todo cuando hagamos en palabras o en obras sea en nombre del Señor Jesús por quien sean dadas las gracias a ti Dios Padre y Señor nuestro.

Amén.

Te rogamos, ¡oh, Señor!
que visites este hogar
y lo alejes de las asechanzas
del enemigo; permite que tus ángeles
moren en él para mantenernos en paz;
concédenos que tu bendición
esté siempre con nosotros.

Amén.

LA CREACIÓN DE DIOS

Mi Dios, gracias por el día.
Por el Sol que lo ilumina,
gracias por tus valles,
por el agua que los riega.
Gracias por tus volcanes,
por la nieve que los cubre.
Gracias por el mar,
por las olas con que juega.
Gracias por la Tierra,
por el hombre que la cuida
Gracias por el cielo, por la Luna y las estrellas.
Gracias por la noche, por cuidar nuestro descanso,
por bendecir nuestros sueños.
Gracias Señor por todas tus creaturas.

Amén.

María del Pilar Valencia Ortiz

¡Oh amado Dios padre!

Bendito y alabado seas por siempre.

A Ti, el autor de la vida y la perfecta creación que somos tus hijos, te agradecemos infinitamente el universo que nos regalaste para maravillarnos con tus magníficas obras.

Somos tu creación, únicos e irrepetibles, y en tu inconmensurable amor y ante tus dulces y divinos ojos todos somos iguales.

Porque Tú, mi Padre Bendito, amas a los pecadores pero no al pecado.

Y aun con nuestros temores y angustias, confiamos en que nuestras oraciones son escuchadas por Ti en todo momento y en todo lugar, y que Tú caminas por siempre a nuestro lado, propiciando en nuestros corazones la paz, esperanza, amor y fe para compartirlas con nuestros semejantes.

Por los siglos y los siglos.

Amén.

María Elena Balcázar Mota

Padre Dios

¡Cuánto nos amas!

Te doy gracias por lo que pasamos en nuestras vidas: Aflicciones, enfermedades, preocupaciones, pero no nos vence esto, porque estando contigo nada nos falta, somos tus hijos, pobres y humildes, y somos tus preferidos porque así lo siento.

Con el dulce nombre de Jesús somos salvos con el Espíritu Santo.
Somos dirigidos al bien,
y a tu voluntad reunirnos,
y te pido perdón por lo que no creen,
no esperan, no adoran y no te aman.
(Tres veces)

Gracias, Padre bueno.

Amén.

María Estela Rodríguez

Oración por los enfermos

Omnipotente y sempiterno Dios,
salud de los que en Ti creen y esperan,
escucha las oraciones que le hacemos
por nuestros enfermos y por intercesión
de la Santísima Virgen de la Medalla Milagrosa,
concede vida abundante a sus almas y devuélveles,
según tu beneplácito, la salud del cuerpo.

Te lo pedimos por Cristo Nuestro Señor.
Amén. Ave María Purísima,
Sin pecado concebida.

Señor Jesús:

Hoy quiero hacer un dibujo dentro de mi corazón, y mi deseo es que Tú me ayudes a iluminarlo.

Sí, con los colores del amor que sólo Tú sabes combinar y sin mancha quedará.

Haz que con el rojo se encienda más el fuego de tu amor; con el blanco, la paz y felicidad; paz para el mundo y felicidad en cada hogar. Sí, vivir unidos llenos de felicidad y recordar que mi alma blanca debo conservar para que al fin así llegar a vivir unidos a Ti en la eternidad. Con el verde, vivir llenos de esperanza, de que mañana otro día será y Dios proveerá, al hombre convertirá y siempre en Ti creerá. El mundo cambiará, y ya el hombre convertido, convencido de que sin Ti nada podrá, y tu misericordia a todos llegará.

Señor, hoy con todos tus colores como Tú los sabes combinar, haz que mi corazón iluminado siempre esté y fuera de él quede la soberbia, que madre es de todos los pecados y para que todo esto quede fuera de mi corazón, perseverar en la oración.

Hoy quiero hacer un dibujo.

María Felipa Martínez Andrade

LUZ DIVINA

Señor, hemos pecado contra tu bendita creación en un loco frenesí de poder. Desequilibramos el clima, devastamos los bosques, contaminamos las aguas y el aire, cegamos la vida de los animales injustamente. Pensamos equivocadamente que tu Tierra nos pertenece, sin darnos cuenta que nosotros pertenecemos a ella, porque a ella volvemos, y ésta nos grita: "¡Guárdense de caer!". Y aún así respeta tu mandato y nos da tu providencia.

Mantienes la esperanza en todos tus hijos, atiendes con bondad nuestras miserias; es tanta tu misericordia que alivias nuestras necesidades y dolores; tu amor es infinito y nuestros pecados son muchos; mas sin embargo, tu paciencia no se acaba.

Perdón Señor, perdón.

Danos la luz que nuestras almas necesitan para poder vencer las tentaciones mundanas y las asechanzas del enemigo. Los engaños, los vicios, la lujuria, la violencia, la sangre de nuestros hermanos que se derrama, el poder de algunos que corrompe a la humanidad. Señor, escúchanos, estamos divididos, estamos confundidos entre el bien y el mal.

Ayúdanos a reconocer que somos parte de Ti, que sin Ti no somos nada y a la nada podríamos ir, rescátanos de la oscuridad con tu luz divina en que toda la humanidad podría caer por nuestros actos.

Ya no hay tiempo Señor de abusar de tu perdón, de tu paciencia.

Envía a tus amados ángeles al rescate de nuestras almas para mejorar nuestras vidas. Tú estás entre nosotros como lo prometiste. Tu espíritu se mueve.

Te pedimos Señor, por el amor a tu creación nos arranques del caos para alcanzar el fin para el cual fuimos creados y podamos vivir con tu paz, buena voluntad y así poder glorificarte, alabarte y bendecirte.

Amén.

Ma. Dolores Eugenia López Abad

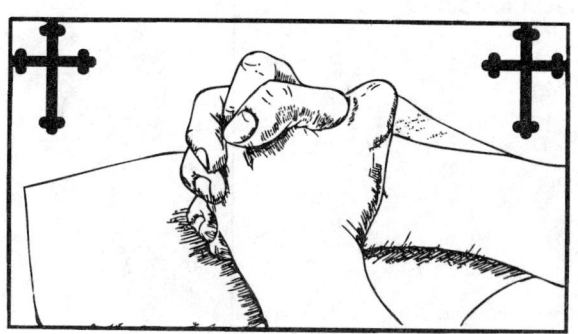

ORACIÓN AL DIVINO NIÑO JESÚS,
POR TODOS LOS ENFERMOS CEREBRALES

Bendito niño Jesús: Tú que moras cerca de Dios Padre, suplícale por todos tus hijos que sufren enfermedades cerebrales y grandes males en su existir.

Invoco tu divina ayuda, protección y misericordia por ellos, pongo mi confianza en Ti que eres todo amor por los humanos.

Divino Niño Jesús muy amado, escúchame, te lo ruego. Ampáranos y bendícenos a todos tus hijos con tu divina gracia y amor celestial.

Sana médico divino los sufrimientos de esos seres adoloridos que no pueden encontrar la salud y se acogen a tu divinidad y gran poder.

Amén.

Enrique Neri Mancilla

ORACIÓN

Deja que un alma creyente busque ese amparo sagrado que te hizo ser aclamado como Dios omnipotente; permíteme, bueno y clemente, que con sincera emoción de hinojos ante tu altar, pueda Jesús admirar tu sagrado corazón, fuente de eterna bondad, urna inmensa ternura, relicario de ventura, que guarda la caridad, tal es el Señor en verdad. Tu corazón sacrosanto, donde haya dulzura el canto alivio, los que parecen reposo, los que fenecen y sus consuelos el llanto con la fe. De la conciencia que vive para adorarte, vengo Señor a dejarte la ofrenda de mi creencia. Pobre es la humana existencia, para algo más tributar, pues para compensar, lo que tu grandeza encierra. No hay tesoros en la Tierra, ni riquezas en el mar. Tal es el convencimiento de mi humildad en solitaria, que viene a alzar su plegaria sincera aunque en ruido acento, sin tan pobre sentimiento merece tu protección. Haz que el mar me liberte y dame amparo en la muerte. Tu sagrado corazón.

Amén.

Finita Miguel (finada)

SEÑOR, GUÍA MIS PASOS

Señor Jesús, guíame para que todo lo que exprese y comparta con la gente que me rodea salga de mi corazón. Ayúdame a curar todas aquellas ofensas que causé en mis seres queridos y dame la sabiduría para no volver a cometer ese tipo de errores.

Quiero que seas mi asesor y guía en este comienzo de una nueva vida espiritual, porque he entendido que la forma más reconfortante de darte las gracias por la vida que me has otorgado es viviéndola día a día al máximo.

Señor, permíteme ver la luz de un nuevo día para sembrar un camino lleno de fe, el cual me llevará a Ti en el momento que Tú lo decidas.

No te pido cosas imposibles ni que hagas lo que por decreto me corresponde, sólo te imploro seas mi guía, porque contigo como mi Maestro sé que no cometeré errores ni titubearé al tomar decisiones.

Eres fuente de inspiración para muchos. He aprendido de Ti cosas sabias. Sé que las pruebas que me pones son porque tienes la confianza de encomendarme tareas delicadas que sabré resolver con éxito.

Te agradezco de todo corazón por todo lo que me has brindado sin condición, por la bendición de disfrutar de todo lo hermoso que has creado, por los alimentos que me has permitido llevar a mi mesa, por la familia tan maravillosa que tengo, por los amigos que has puesto en mi camino y por los hermanos que me has acercado con los cuales puedo hablar de Ti sin ningún problema.

Te amo y eternamente estaré agradecida por tus bendiciones y regalos.

María Gasca Hidalgo

ORACIÓN PARA EL DOMINGO

Líbrame Señor, yo te lo ruego de todo corazón, de cuantos males pasados, presentes y futuros, tanto del alma como del cuerpo puedan aquejarme, concediéndome por vuestra bondad la paz, la salud, la tranquilidad y cuanto pueda redundar en la honra y gloria vuestra.

Sedme propicio, Dios y creador mío y acordarme la paz y la salud durante mi vida, haciendo que esta vuestra criatura logre siempre estar asistida del socorro de vuestra misericordia y que no sea jamás esclava del pecado ni del temor de ninguna turbación; por el mismo Jesucristo vuestro hijo, nuestro Señor, que siendo Dios vive en la unidad del Espíritu Santo por todos los siglos de los siglos.

Así sea.

Que la paz del Señor sea siempre contigo. Así sea. Que esta paz celeste, Señor, que has dejado a tus discípulos, permanezca siempre firme en mi corazón y sea siempre entre mis enemigos y yo como muralla infranqueable. Que la paz Señor, su cara, su cuerpo me ayuden y protejan mi alma y mi cuerpo.

Así sea.

Cordero de Dios, nacido de la Virgen María, que al estar en la Cruz has lavado al mundo de sus pecados, ten piedad de mi alma y de mi cuerpo; Cristo, Cordero de Dios, inmolado por el bien del mundo, ten piedad de mi alma y de mi cuerpo; Cordero de Dios, por el cual todos los fieles han sido salvados, dadme tu paz eterna así en la vida de la muerte como en la muerte de la vida.

Así sea.

Oración para el lunes

¡Oh gran Dios! por quien todo se ha librado, líbrame del mal.

¡Oh gran Dios! que has concedido tu consuelo a todos los seres, otórgamelo a mi también.

¡Oh gran Dios! que has socorrido y asistido a quien te ha suplicado, ayúdame y socórreme en todas mis necesidades, miserias, empresas y peligros; líbrame de todos los obstáculos que me pongan mis enemigos, tanto visibles como invisibles en el nombre del Padre, que ha creado el mundo entero; en el nombre del Hijo, que ha cumplido la ley en toda su perfección. Yo me inclino ante tus pies y me acojo a tu protección.

Así sea.

Que la bendición de Dios Padre, cuya sola Palabra ha hecho todo, sea siempre conmigo; que la bendición de Nuestro Señor Jesucristo, Hijo de Dios vivo sea siempre conmigo; que la bendición del Espíritu Santo, con sus siete dones, sea siempre conmigo; que la bendición de la Virgen María, con su Hijo divino, sea siempre conmigo.

Así sea.

ORACIÓN PARA EL MARTES

¡Oh, Dios creador, salvador y glorificador! Haz, Señor, que la bendición de los santos ángeles, Arcángeles, virtudes, poderes, tronos, dominaciones, querubines y serafines, sean siempre contigo. Amén.

Que la bendición de todos los cielos y la de Dios sean siempre conmigo.

Amén. Que la bendición de los patriarcas, profetas, apóstoles, mártires, confesores, vírgenes y de todos los santos sea siempre conmigo.

Amén.

Que la amistad de Dios Todopoderoso me sostenga y proteja; que su bondad eterna me conduzca; que su caridad sin límites me inflame; que su divinidad suprema me guíe; que el poder del Padre me conserve y fortifique, porque el Padre es paz; que la sabiduría del hijo me vivifique y esclarezca, porque el Hijo es la vida; que la virtud del Espíritu Santo me consuele y alivie, porque el Espíritu Santo es la salud.

Que la divinidad de Dios me bendiga; que su piedad me dé ánimo, que su amor me conserve; que esté siempre entre mis enemigos visibles como invisibles.

Así sea. ¡Oh, Jesucristo hijo de Dios vivo, ten piedad de este pecador!

Amén.

Oración para el miércoles

¡Oh, Manuel!, defiéndeme contra el enemigo común y malo y contra todos mis enemigos visibles e invisibles y líbrame del mal.

Jesucristo rey, vino en paz y la guerra encendida de su casa es la paz de las almas, que nunca la conocieron. Jesucristo triunfa, Jesucristo reina, Jesucristo manda; que Jesucristo me aleje de todo mal y de la paz que ansío.

He aquí la cruz de nuestro Señor Jesucristo. Huyan, pues, mis enemigos a su vista, que el león de la tribu de Judá ha triunfado; raza de David, Aleluya, Aleluya.

Salvador del mundo, sálvame por tu preciosa sangre; socórreme por tu cruz bendita.

Dios misericordioso, Dios inmortal, sé mi guía, protégeme Dios mío.

¡Oh, Agios Otheos, Agios Ischyros, Agios Athanatos, Eleyson Himas, Dios Santo, Dios Fuerte, Dios Misericordioso e inmortal, tened piedad de mí, que soy criatura vuestra, sed mi sostén y mi guía.

Señor, no me abandonéis, no desoigáis mis plegarias; Dios de mi salvación, ayudadme siempre. Dios mío.

Amén.

Padre bendito, no le temo a la vida ni a la muerte, porque sé que tu presencia me protege de día y de noche; camino confiada porque sé que Tú me llevas de la mano y cierro mis ojos, mis oídos y mi corazón a la maldad que quiera llegar a desviarme de tus mandamientos y me cubro con tu manto blanco de luz incandescente que me hace invisible a todo lo que no sea tu santa voluntad.

Amén.

ORACIÓN PARA EL JUEVES

Ilumina mis ojos con la verdadera luz, a fin de que no permanezcan cerrados en el sueño eterno por temor de que mi enemigo pueda decir que le he aventajado.

En tanto que el Señor esté conmigo, no tendré que temer la maldad de mis enemigos. ¡Oh, dulcísimo Jesús!, conservadme, ayudadme, salvadme. Que sólo pronunciar tu nombre toda rodilla se doble, tanto celeste como terrestre y como infernal y que toda lengua publique que Nuestro Señor Jesucristo goza de la gloria de su Padre.

Así sea.

Sé perfectamente y ni siquiera lo pongo en duda, que el día en que invocaré al Señor, en aquel mismo instante seré salvado.

Dulcísimo Señor Jesucristo, Hijo amado del Gran Dios vivo, que habéis hecho tantos y tan grandes milagros por la sola fuerza de vuestro preciosísimo nombre y habéis enriquecido abundantemente a los indigentes, puesto que, ante Él y por la sola virtud, los ciegos veían, los sordos oían, los mudos hablaban, los leprosos resultaban sanos, los enfermos curaban y los muertos resucitaban; porque tan pronto como se pronunciaba tan dulcísimo nombre, el oído se sentía encantado y rejuvenecido y la boca llena de cuanto hay de más agradable es este mundo, y con sólo pronunciarlo y todas las tentaciones, aún las peores, desaparecían; todos los demonios huían y todas las enfermedades eran curadas: todas las disputas y luchas de la vida, los mismo las de la carne como las del diablo se disputaban, sintiéndose el alma llena de todos los dones celestiales; porque cualquiera que invoque el Santo Nombre de Dios será salvado. Este Santo Nombre, sí, pronunciado por el Ángel, antes de que Jesús fuera concebido en el seno de la Santa Virgen y que será alabado y ensalzado por los siglos de los siglos.

Amén.

ORACIÓN PARA EL VIERNES

¡Oh, dulce nombre! nombre de Jesús, nombre de la vida, de la salud, de la alegría, del bien, del amor; nombre precioso, regocijador, glorioso y agradable; nombre que fortifica al pecador; nombre que salva, conduce, gobierna y conserva todo.

Haced, piadosísimo Jesús, que por la fuerza de este dulcísimo nombre se aleje de mí el demonio. Iluminadme, Señor, pues estoy ciego; disipad mi sordera; enderezadme, pues soy cojo; devolvedme la palabra, pues soy mudo; curad mi lepra, devolvedme la salud y, en una palabra, resucitadme, pues estoy muerto.

Dadme la vida y rodeadme por todas partes, a fin de que abroquelado y fortificado con ese santo nombre viva siempre en voz, alabándoos y honrándoos, por cuanto todo es debido y sois el más digno de gloria.

Piadosísimo Jesús, concededme los bienes y la tranquilidad que gozan tus elegidos y haz que huya el demonio de mi lado; cúrame las enfermedades que padezco, físicas y morales y bendeciré tu nombre con la misma fe que ahora lo hago, sin saber si soy digno de tu piedad; Siempre estarás en mi corazón aunque no me compadezcas, y estoy seguro de que con mi adoración, aunque no me oigas, si no gozo por lo menos no sufriré porque el demonio huirá de mí por no escuchar sin rabia y desconsolado mi plegaria hacia Ti, llena de humildad y cariño. Bondad tan santa como la tuya no dejará de extenderse hasta este pecador que te ruega y suplica con toda su alma, corazón y vida, lo tomes bajo tu protección y amparo para que sea libre de tentaciones para que pueda vivir y morir en tu Santa Gracia.

Amén.

ORACIÓN PARA EL SÁBADO

Jesús, Salvador del mundo, que el Señor me sea propicio, dulce y favorable; que me acuerde un espíritu sano y recto para rendirle el vasallaje que le es debido a Él que es el libertador del mundo.

Nadie podía poner la mano sobre Él porque su hora no había llegado; Él que era, que es y que será siempre Dios y hombre, principio y fin.

Que esta plegaria que te dirijo me garantice eternamente contra mis enemigos.

Amén.

Jesús de Nazareth, Rey de los Judíos y Redentor del mundo, mira a esta alma infeliz que se humilla ante Ti y se cree todavía indigna de arrodillarse ante excelsitud tan grande y dame la paz que ansío.

Amén.

Tened piedad de mí, que soy un pobre pecador y miserable criatura; conducidme con arreglo a vuestra dulzura por las vías de la salvación eterna.

Amén.

En el tiempo que el buen Jesús cumplía su misión redentora sobre la Tierra, los sacerdotes judíos que no llegaron a comprenderle mandaron emisarios para que lo aprehendieran. Y Jesús, sabiendo los sucesos que debían acaecerle, se acercó a ellos y les dijo: "¿A quién buscáis?" Y ellos respondieron: "A Jesús de Nazareth". Y Jesús les contestó: "Yo soy". Y cuando Judas, que estaba entre ellos y debía entregarle, les dijo que era Él. Todos cayeron por tierra

"¿A quién buscáis?", volvió a preguntarles Jesús, y como ellos contestaran que "a Jesús de Nazareth", Jesús le respondió: "Ya os he dicho que yo soy, y si es a mí a quien buscáis, dejad marchar a aquellos (refiriéndose a sus discípulos)". Y Jesús pasó por enmedio de ellos sin que nadie osara poner su mano impía sobre Él porque su hora no había llegado.

La lanza, los clavos, la cruz, las espinas que habéis sufrido prueban, Señor, que habéis borrado y expiado los crímenes de los miserables.

Preservadme, Señor Jesucristo, de las emboscadas que me preparan mis enemigos, pues vuestras cinco llagas me sirven continuamente de remedio.

Jesús es la estrella, Jesús es la vida, Jesús ha sufrido, Jesús ha sido crucificado, Jesús, Hijo de Dios vivo, tended piedad de mí.

Amén.

María Soledad Martínez Camacho

Señor Dios misericordioso, arrepentida suplico tu perdón por el tiempo que viví tan alejada de Ti, pero el ángel que enviaste a salvarme me mostró tu grandeza, Señor, y hoy sé que por amor perdonas nuestros pecados.

Por eso hoy te doy gracias, Señor, por fortificar mi espíritu, por volver a mí tus bondadosos ojos y tender tu mano para no dejarme caer, por limpiar mi corazón de rencores, por sentirme tan cerca en la consagración y habitar mi corazón en la comunión, por darme el consuelo de la oración, por darnos a tu bendito hijo Jesús que nos mostró el camino.

Por la vida, la salud, el amor de mis hijos y mis padres, por las bendiciones de cada día y con la fe encontraremos el maravilloso camino que nos conduzca a Ti.

Gracias por amarme.

Amén.

María Gloria López Chávez

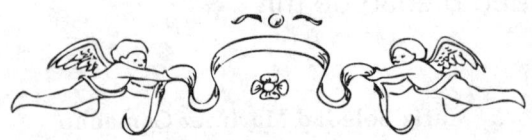

ORACIÓN DE AGRADECIMIENTO

Señor mío y Dios mío,
bendito seas Señor por todo
lo que nos das, por tu amor y la vida.
Gracias por ser un padre tan amoroso
y por darnos a tu divino hijo Jesucristo
amadísimo y por tu santo espíritu.
Gracias por la mamita más hermosa
que nos has dado padre amoroso.
Gracias por los vientos,
por las cumbres nevadas,
los mares y ríos.
Por tus campos tan bellos que has formado,
por las flores, los pajaritos
y por todos tus animalitos.
También te doy gracias por la vida
que me has dado
y por todos mis hijos,
nietos y biznietos.
Gracias, Señor, porque todo
lo has hecho con sabiduría.

Amén.

María Guadalupe Alvarado Cruces

ORACIÓN

Con Dios me acuesto, con Dios me levanto con la gracia de Dios y la del Espíritu Santo, vete enemigo, no vengas conmigo, que yo voy con Dios y Dios viene conmigo.

La cruz de Dios vaya delante de mí, el Señor Jesús que murió en ella hable y responda por mí, aplaca los corazones que estuvieran en contra de mí, el poder de Dios me valga y la fuerza de la fe.

Dulces nombres Jesús, María y José; dulce Jesús de mi vida, dueño de mi corazón, perdona mis pecados; Tú sabes los que son, dame paz en esta vida y en la otra, la salvación.

Amén.

Ma. Guadalupe González López

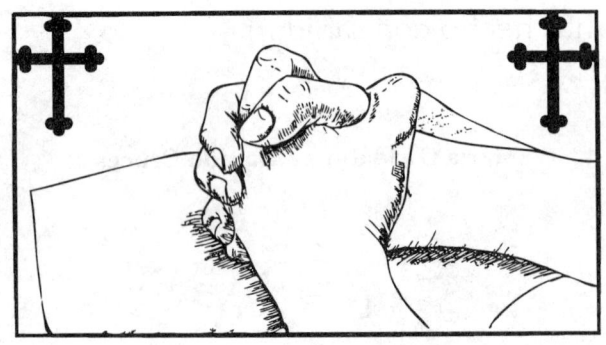

ORACIÓN DE PETICIÓN
AL SEÑOR DE LA MISERICORDIA

Jesús Hijo único del Padre, el que fue eniado por Dios para la redención del mundo, fuiste torturado y martirizado en la Cruz.

Jesús, eres el maestro, el hermano, el padre que diste la cara por nosotros los pecadores, viniste a sanar al enfermo y a salvar al pecador, que tu sangre me riegue como la flor necesita del agua para vivir.

Esos rayos de luz que brotan de tu corazón como un manantial de vida para los sedientos de tu amor y bondad.

Dame de beber para sanarme, no soy digna de recibirte, lo sé, pero Tú eres tan misericordioso que me escucharás en esta angustia. Señor padre mío, estréchame en esta petición que te hago (petición). Jesús, que estás a la derecha del padre, intercede por mí, sé que otros te necesitan más que yo, estréchalos padre, pero yo también necesito de tu ayuda, no tardes en socorrerme.

Gracias, Padre, por escucharme.

Amén.

Guadalupe Marquez Ríos

Bendito y alabado seas, Señor Jesús, por haber amanecido viva, porque muchos hoy ya no lo están.

Gracias, Padre. ¡Qué bueno eres!, ¡qué grande es tu amor hacia nosotros tus hijos!

Gracias por la familia que me has dado: mi esposo, mis hijos, mis nueras, mis yernos y mis nietos.

Tengo una familia maravillosa: mis padres, mis hermanos, mil gracias, Padre.

Eres un Dios único, nadie como Tú, Señor, contigo todo lo podemos, Tú tienes poder para cambiar mi corazón de piedra por uno como el tuyo. Eres mi todo.

Qué bueno que sigues vivo entre nosotros, qué bueno que no te quedaste clavado en la Cruz, gracias por tu Resurrección.

Señor Jesús, no quisiera molestarte pero tampoco puedo olvidarme por los que sufren asaltos, secuestros, asesinatos, enfermedades, terremotos, inundaciones, huracanes, etc. En tus manos divinas te los pongo. Sólo Tú Señor los puedes ayudar, Tú puedes cambiar el mundo entero porque somos tuyos.

Por último, sólo te ruego, Señor Jesús, que tengas compasión de mí que soy una pecadora.

María Rivera S.

Querido Señor Dios:

Gracias por lo que me das y no me das, por todas las cosas que me suceden; ayúdame por favor en los acontecimientos de la vida, aumenta mi fe. Que siempre tenga en cuenta tu maravillosa presencia celestial en mis actos y sucesos cotidianos.

Santísimo:

Asístame tu bendita gracia emprendiendo, compartiendo con mis semejantes instantes de luz, amor, verdad, bondad, justicia, libertad, espiritualidad, fraternidad y caridad, consciente que vienen de ti.

Asístenos te imploro para que vivamos de tal manera que seamos dignos de tu amorosa gracia para que en nuestro peregrinar terrenal y algún día en la eternidad te sigamos bendiciendo, alabando, glorificando y amando.

Así sea.

María Gutiérrez

ORACIÓN PARA MIS QUERIDOS PADRES

¡Oh! Jesús, fuente de todas las gracias y bendiciones, te pido el eterno descanso para Tere Fregoso y Reynaldo Méndez; ellos que fueron personas ejemplares en vida y educadores de sus hijos en la fe y asiduos a la oración.

Te suplico, padre bondadoso, que por intercesión de Tere Reinaldo sea escuchado mi ruego.

Amén.

Padre nuestro...

Isabel Méndez Fregoso

ORACIÓN A LA VIRGEN MARÍA

Madre mía,
mamita María, Tú
que sufriste la pasión
de tu hijo, dame las fuerzas
para luchar por mis hijos,
mamita María, enséñame
el camino para ir al cielo
y estar con Dios.
Mamita María, ilumina
mi mente para no pecar
y ser una buena hija,
y guiar a mi familia,
mamita María,
dame la humildad
con mis hermanos
para no ofenderlos
y tener caridad.
Mamita María, ayúdame
para entender lo que Dios quiere de mí
y guiarme por el buen
camino hacia Él.

Amén.

María Remedios Dorado Rodríguez

¡Padre amoroso! Te doy gracias por haberme sacado del fango donde me tenía mi egoísmo, mi envidia; tantas cosas que me alejaban de ti, pero hoy que me has llamado, a Ti acudo cansada y desesperada, pero confiada a tu misericordia, a tu gran amor y a tu salvación que me has prometido y que anhelo tanto.

A veces tengo miedo de no cumplir lo que me has encomendado, por eso te pido luz para seguir luchando día a día, y así cumplir lo que me has encomendado; por ejemplo: Lo que más me preocupa es no saber cuáles dones me has dado para ponerlos al servicio de los demás, por eso elevo esta oración para suplicarte que me ayudes a descubrirlos y así, cuando me llames a tu divina presencia, haya escrito mi nombre en el libro de la vida y no me digas que no me conoces, porque sólo de pensarlo se me hace un nudo en la garganta, porque yo te amo y sé que a mí también me amas y para ganarme ese amor y ese lugar en tu corazón debo trabajar para ti y con los más pequeños de tus hijos; dame esa luz, esa humildad para seguirte, para poder llegar a tu divina presencia.

Gracias, Padre amoroso y misericordioso. Tu hija, la más pequeña, la que te da las más eternas gracias porque siempre me has llevado en tus brazos. Bendito seas hoy y siempre.

Marisol Villa Santiago

Espíritu Santo:

Ilumina nuestro camino, Señor,
Tú que eres el amor del Padre y del Hijo,
danos sabiduría y entendimiento,
danos luz en nuestra vida
para hacer lo correcto,
para ir por el buen sendero
y llevar el mensaje divino
hacia aquel que lo necesita.

Divino Espíritu,
llena nuestra vida de amor
para ser un buen ejemplo y
reflejo de la palabra de Dios.

Marisela Ramírez Guillén

Tata Dios

¡Buenas noches, mi Dios!
¡Mi rey!
¡Mi creador!
¡Señor!, dueño de mi vida
y de todo lo que me rodea
Tatita, te doy un abrazo
como todas las noches que me despido de Ti.

Gracias por todo lo que me das
y lo que no, Tú sabes porque no es así.
Te adoro, te amo, con toda la conciencia
de que soy capaz.

Te agradezco infinitamente
por cada día que me das,
te pido por mi familia,
por nuestro México y su gente,
por nuestro Papa y sacerdotes,
religiosas y misioneros,
por la humanidad entera.

Te pido, Tata mío,
fortaleza para vivir tu camino,
inteligencia para actuar justamente
y bondad con mis semejantes.

Permíteme, Padre mío,
terminar mi camino a tu lado
y ser digno de ese premio anhelado.

Gracias Tatita por este momento,
por poder expresar lo que siento
y sentir tu presencia a cada momento.

Hasta mañana, si es tu santísima voluntad.

¡Amén, amén, amén!

Martha Navarro de Durán

BENDICIÓN AL SALIR DE CASA

Padre mío, danos tu santísima bendición, en el nombre de cada uno de mis seres queridos y del mío propio. Te pedimos humildemente nos otorgues tu perdón por todo el mal que nos hemos hecho lastimándote. Ya no nos lo permitas.

Jesús, no permitas que nos soltemos de tu mano, de la cual nos sostienes fuertemente. Llévanos y tráenos con bien.

Espíritu Santo, cúbrenos con tu santísimo manto ante cualquier mal y ante cualquier daño.

Por Jesucristo, nuestro Señor

Amén.

Laura Caro Escamilla

¡BENDITO Y ALABADO SEAS, SEÑOR!

Te doy gracias por haberme elegido para formarme a tu imagen y semejanza sin merecerlo.

Te pido por los niños abandonados y maltratados para que encuentren la paz.

Por los jóvenes desorientados que tienen adicciones a la droga, al alcohol y al sexo. Para que puedan llenar todo el vacío que tienen con amor y comprensión.

Por los noviazgos, que no sólo sean novios de palabra sino de amor y seriedad. Que sepan conocerse.

Por los padres para que sepan guiar a sus hijos por el camino del bien y el respeto.

Por los ancianos que tengan la paciencia de parte de su familia.

Por los enfermos y agonizantes para que encuentren el arrepentimiento y lleguen a tu presencia.

Amén.

Adriana Serrano Rangel

LAS TRES DIVINAS PERSONAS
DIOS PADRE, DIOS HIJO Y DIOS ESPÍRITU SANTO

Dios creador del mundo, es tan infinita tu bondad y amor hacia nosotros tus hijos, que de lo más bello y preciado para Ti nos entregaste a tu hijo, hermosa criatura celestial. Te damos gracias, Padre nuestro, por tanto amor; porque no dudaste ni un momento en sacrificar a tu hijo para salvación del mundo. Bendito seas, Dios Padre redentor y creador nuestro. Tú que nos amas tanto, bendícenos hoy y siempre. Por los siglos de los siglos, amén.

Dios, hijo único del Padre, Tú que sufriste desde el momento de tu nacimiento, te bendecimos y glorificamos. Gracias, Jesús, por tu pasión tan dolorosa, porque Tú, siendo el Hijo de Dios, te entregaste al mundo para nuestra salvación. Bendito seas Jesús por entregar tu cuerpo y sangre, quedándote así entre nosotros. Te glorificamos y bendecimos. Gracias Jesús, Hijo de Dios Padre, amén.

Dios Espíritu Santo, Tú que reinas con Dios Padre y Dios Hijo, te bendecimos por escuchar nuestras plegarias. Te damos gracias porque cuando la Virgen María quedó encinta nos entregaste a nuestra Madre Santísima, al igual que a Jesús, Hijo de Dios Padre. Bendito seas Espíritu Santo, amén.

Micaela Chávez Basurto

ORACIÓN A DIOS PADRE

Dios bendito de mi corazón,
yo te confieso mis culpas,
Tú bien sabes cuántas son.
Escúchame Dios bendito
porque eres sabio
para dar amor.
Bendito seas para dar perdón,
Eres el mejor padre,
por eso acudimos a Ti
para que nos des tu bendición.
Bendito Padre,
de enorme corazón,
oye y escucha mi plegaria,
Padre bendito, de gran amor.
Por eso te suplico que
otorgues tu perdón,
Padre misericordioso,
yo sé que me escuchas.
Bendito y alabado seas por toda la Tierra,
por tener misericordia de este pobre corazón.
Bendícenos, Padre nuestro,
y guíanos por el camino recto,
para que seamos fieles
a tu mandato de verdad.
Nos salimos del redil,
que Tú, con tu bondad,

nos marcas para que seamos
fieles al compromiso
que nos echamos a cuestas.
Por responder a tu llamado
de gracia que momento a momento
nos haces por tu bondad,
para con el pecador arrepentido
que tanta gloria le tienen.
Por amado en forma infidente
por tu bondadosa misericordia.

Amén.

Miguel

Gracias, Señor, por ser mi padre y mi hermano.

Te doy, Señor mío y Dios mío, las gracias por habernos dado a mí, a mis seres queridos, amigos, enemigos y bienhechores un día más de vida. Bendito seas por toda la eternidad.

Del mismo modo te pido nos permitas alabar los dulces nombres de Jesús, María y José.

Señor mío y Dios mío, en vos creo, en vos confío. Tú eres mi principio y mi fin; en tus manos santísimas pongo a todos y cada uno de mis seres queridos, amigos y bienhechores, sus necesidades, intenciones, tristezas, amarguras y las mías mismas.

Señor, si de todo lo que te pido nada me has de conceder porque nada me convenga, Señor, hágase tu santísima voluntad en mí y en todas mis cosas, Señor.

Madre mía de Guadalupe, reina de México y reina de la paz, te pido, Madre mía, intercedas por mí y mis seres queridos y el mundo entero, la paz del mundo ante tu amadísimo hijo. Cúbrenos con tu manto divino y no permitas, Madre mía, que nos separemos de Ti, que nos alejemos de tus manos divinas.

Miguel Ángel García Pineda

ORACIÓN A LA DIVINA PROVIDENCIA

Amadísimo Padre, Hijo y Espíritu Santo:

Suplico tu divino amor y piedad para todos nuestros hermanos que padecen la tremenda fuerza de la naturaleza, ya que todos los elementos están castigando a tantos hermanos nuestros; ayúdales y protégeles, te lo ruego, que se recuperen pronto de sus pérdidas especialmente espirituales. Dales tu Divina Providencia, ilumínales para que no les falte alimento y cobijo.

Permítele a nuestra Santísima Madre de Guadalupe que les acreciente su fe y confianza en Ti, Señor, y les dés consuelo en sus penalidades. Divino Padre nuestro, ampara a los pequeños que son los que más padecen y se angustian, te lo ruego. Padre Santísimo, concédenos a los santos arcángeles y a los ángeles custodios velar por todos estos seres.

Gracias por Ti, Divina Providencia y protección, Dios bueno y poderoso.

Amén.

Miriam Elizabeth Neri R.

Me siento una persona bendecida por Ti, Señor, por mi bautismo, porque mis abuelitos desde pequeña me enseñaron a amarte, a rezar, asistir a misa y para mí eso fue muy importante; éstos fueron los cimientos que me sirvieron para la vida de soltera y de casada.

Al encontrarme con ventarrones, chubascos, el Señor no me abandonó, aunque a veces no te sentía que anduvieras conmigo.

Señor mi Dios, Tú sabes la enfermedad que tengo. Si Tú quieres puedes curarme, estoy en tus manos.

Gracias por estos 65 años de vida.

Mónica Martínez Sánchez

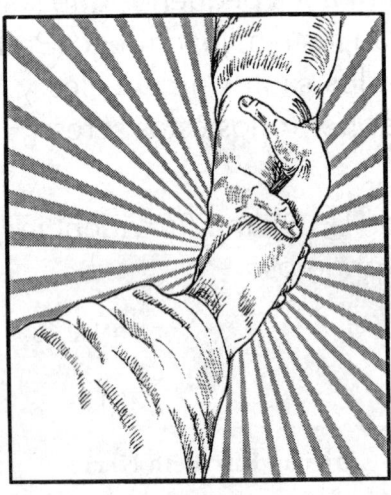

ORACIÓN DE LA QUINCEAÑERA

Señor Dios:

Creo en ti con todas las fuerzas de mí ser y por eso te ofrezco mi juventud.

Guía mis pasos, mis acciones y mis pensamientos.

Concédeme la gracia de vivir tu mandamiento nuevo, para amar a mis hermanos por Ti.

Que tu gracia en mí no resulte vana.

Te lo pido por Jesús tu hijo, mi salvador.

¡Oh María, Madre mía!

Ante ti presento mi ofrenda al Señor.

Sé para mí el modelo de mujer fuerte.

Toma mi corazón y hazme digna de Dios.

Amén.

Mi pensamiento a Jesús sacramentado

Dios Mío, no sé cómo dirigirme a Ti, me siento tan pequeña ante tu grandeza pero sé, Señor, que soy una más de tus hijas y porque eres todo amor y bondad para perdonar.

Tú has sido en cada etapa de mi existencia mi fortaleza, mi esperanza, mi fe.

Todo lo significas para mí.

Padre mío, te damos las gracias porque te dignaste venir a este hogar que es tuyo, y con tu sola presencia se ilumina todo, se llena de paz y alegría al sentirse que estás entre nosotros.

Jesús sacramentado, estos momentos que estamos compartiendo son únicos y maravillosos para todos los aquí presentes, pero especialmente para mi familia, la que Tú, Señor, destinaste y quisiste que fuera para mí, por lo cual te estoy inmensamente agradecida.

Jesús mío, gracias también por los padres y hermanos que me diste aquí en la Tierra, por los familiares y amistades y por toda tu creación.

Te pido perdón por mis errores y equivocaciones, muchas veces cometidos por faltar a tus mandamientos, pero sé que nos amas y nos buscas como a la oveja perdida de tu rebaño para volverla al buen camino.

Padre, te amo con todo mi ser, así como a tu Santísima Madre, la Virgen María.

Bendito y glorificado por los siglos de los siglos.

Amén.

Otilia Castro Jiménez

Querido Padre, Dios Hijo de Jesús y Madre

Antes que nada quiero decirte todo lo que siento: Soy tu hija Tomita que está en la Tierra, Tú que estás en el cielo, te quiero decir que te amo porque desde el vientre de mi mamá soy tu hija; siempre has estado conmigo; en todo momento estás conmigo; siempre, Dios.

Jesús, te doy las gracias por haberme dado un hijo, y quiero que mi hijo camine contigo, pero a veces me pongo triste porque mi hijo Antonio no quiere caminar contigo; a veces siento que la juventud está muy difícil. Envíanos tus bendiciones desde el cielo a la Tierra y al mundo entero.

Te quiero contar algo: cuando voy al campo me siento triste, camino sola, pero sé que Tú vas conmigo cuando veo las flores, los árboles, los animalitos. Te doy las gracias infinitas; me haces muy feliz, Dios. Te pido me perdones si te he ofendido.

Antonia Modesto Alcántara

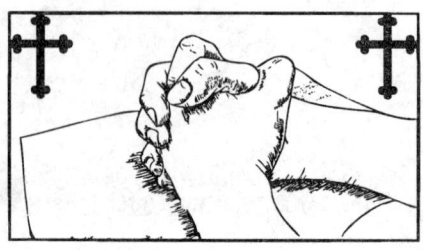

A DIOS PADRE

Mi Dios, Padre amoroso, para Ti que me has dado el don de pensar y actuar.

Para Ti que me brindas la vida, para Ti Señor es esta pequeña alabanza de gloria y de honor, Señor.

Abro tu poder y majestad, dueño de cielo y Tierra, dueño de todo lo que en ella vive.

A Ti, Señor, te pertenece nuestra vida y nuestra muerte.

Padre amoroso, gracias por el amor que nos brindas día y noche.

Gracias por la vida, gracias por la muerte.

Gracias por la alegría, gracias por el dolor.

Gracias por la salud, gracias por la enfermedad.

Gracias por la bondad infinita de tu amor.

Gracias cuando nos ocultas tu rostro, porque nos das la alegría al encontrarte aquí con nosotros.

Gracias mi Dios.

Pilar Valencia Ortiz

ACCIÓN DE GRACIAS

Gracias te doy gran Señor. Alabo tu gran poder que con claridad y amor me has dejado anochecer. Así te pido Dios mío me dejes amanecer con gracia y servicio tuyo y sin llegarte a ofender.

Dios conmigo y yo con el Dios delante y yo tras de Él. La Cruz santa de Jesús vaya delante de mí. El Señor que murió en ella, hable y responda por mí.

Aplaca los corazones que estuviesen en contra de mí, dulce Jesús de mi vida, dueño de mi corazón. Perdona mis pecados, pues Tú sabes los que son.

Óyeme de penitencia, dame paz en esta vida y en la otra la salvación si he de pasar delante, dame tu muerte Señor patrocinio, me ampare el de Jesús y María.

(Rezar un Padre Nuestro y un Ave María.)

Este Padre Nuestro y esa Ave María que he rezado se lo ofrezco al Santo Ángel de mi Guarda, Santo de mi nombre, Santo del día de hoy, Ángel bueno, esté conmigo, semejanza del Señor, amén.

Como me acuesto aquí en mi cama, me acostaré en la sepultura y en la hora de mi muerte ampáranos Virgen pura.

La Divina Providencia se extiende en cada momento, para que nunca nos falte casa, vestido y sustento.

(Se repite tres veces.)

Rosa María Almanza Luna

Te doy gracias, Señor, por permitirme llegar a estas horas de la noche.

Te pido humildemente en nombre de tu hijo Jesucristo, al impulso del Espíritu Santo, por manos de María Santísima, por todos los sacerdotes, por todas las personas de la tercera edad, por los huérfanos, por las viudas, por las almas del purgatorio, por los que tienen cáncer, sida, parálisis cerebral, por los que están en las cárceles, con culpa o sin ella, por los gobernantes, por los que se acogen a mis oraciones y naturalmente, que desde que los oigo a ustedes por todos los de Radio Fórmula. Que Dios nos llene de bendiciones espirituales y materiales, a ustedes y a todos sus familiares.

Rosa Tinajero Maldonado

GRANDE Y MISERICORDIOSO

¡Oh! Señor, cuán grande y misericordioso eres y yo tan pequeña e insignificante ante tu grandeza; sin embargo, siempre has estado cubriéndome con tu amor, aun sin merecerlo.

Recuerdo que cuando era joven decía: Dios es mi amigo, todo lo que quiero me lo da con sólo pensarlo; soy su hija predilecta (que osadía la mía). En ese tiempo realmente no te conocía.

Hasta que un día todo cambió y, Señor, ahora sí sé que te amo de verdad, pues el dolor que viví después me hizo reflexionar y me permitió ver lo equivocado de mi actitud, con una vanagloria no merecida.

Qué hermoso es darme cuenta de mis errores y de entender lo sencilla y maravillosa que es la vida, tratando de seguir los pasos que tu hijo Jesús nos dejó implícitos y que están en nuestro corazón como un sello adherido.

Perdón te pido por mis errores y gracias te doy por todo lo que me ha tocado vivir como: tristezas, problemas, inseguridades, dolores y enfermedades.

También por las cosas maravillosas como: alegrías, satisfacciones y todo lo hermoso que aún nos falta por vivir, pues amándote, todo lo demás nos lo das por añadidura y como siempre te pido, Señor, dame la sabiduría necesaria para cumplir con mi misión, te lo pido por nuestro Señor Jesucristo que vive y reina por los siglos de los siglos.

Amén.

Artemisa García Hernández

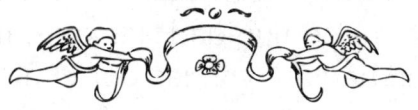

ORACIÓN A LAS PERSONAS QUE FALLECIERON

Señor Dios, que nos dejaste la señal de tu pasión santísima en la Sábana Santa, en la cual fue envuelto tu cuerpo santísimo, cuando por José fuiste bajado de la Cruz.

Concédenos, Señor, oh, piadosísimo Señor, por tu muerte y sepultura santa, por los dolores de tu madre santísima, Señora nuestra, sea llevada el alma de... (nombre del difunto) a la gloria de tu Resurrección donde vives y reinas con Dios Padre y el Espíritu Santo, por los siglos de los siglos santos.

Amén.

Rosario Gómez Millán

ORACIÓN DE LA MAÑANA

Padre santo y eterno bendito, alabado, glorificado, providente con Jesucristo, nuestro Salvador y el Espíritu Santo forman la Divina Providencia.

Gracias por otro día y año más de vida que me dan junto con mis seres queridos, por las personas que viven en mi comunidad, las que me estiman y las que no me hablan; gracias por el aire, el Sol, las estrellas, la Luna, el agua que moja la tierra para darnos nuestro alimento, por todas tus maravillas, toda la naturaleza, por todo lo que puedo contemplar por mis cinco sentidos; gracias por los programas de radio que nos dan tu mensaje, especialmente por "Encuentro con tu ángel" que va a cumplir 4 años; bendice a sus locutores, Mario Córdova, Alejandro López, don Alegro y todo su equipo para que dure toda la vida, ya que es un alimento que nos das con tu Palabra. Bendícelos junto con toda su familia.

Padre, perdona todas mis faltas y las de mi familia, mi país, por todos los que te ofenden sin conocerte; perdona todas nuestras caídas. Perdón, Señor Dios providente, bendice y da fortaleza a mis hermanos que están sufriendo todas las inclemencias del tiempo con estos huracanes; te pido por toda mi familia que está en el extranjero, por los emigrantes, los que están en la cárcel, los que están sujetos a las drogas, alcoholismo, jóvenes, ancianos, niños los que están en los hospitales, en sus hogares , enfermos, sacerdotes, religiosas y por todas las personas que Tú sabes que están en mi corazón.

Tomasa Rodríguez

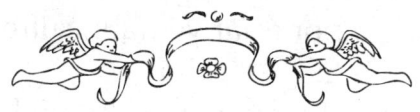

DOS MUNDOS

Fuimos dos mundos chicos
diferentes en todo
vimos un mundo grande
un gran mundo
de amor profundo
lleno de flores
de pajarillos
y pececillos
de mil colores
de cielos negros
blancos y grises
y de chiquillos
que son felices.

Yolanda Álvarez Castro

CARTA DE AGRADECIMIENTO

Señor Dios, te doy gracias por haberme permitido salir con bien de este castigo, que sólo Tú sabes por qué haces las cosas. Aquí he aprendido a valorarme, a quererme y, sobre todo, a valorar la libertad; también te doy gracias por permitirme salir y ver bien de salud a mis padres y familia, ya que ellos han sufrido lo mismo que yo por estar yo aquí, sufren lo mismo.

Señor, te pido fuerza para salir adelante y no recaer en lo mismo, que me cubras con tu manto hermoso y no desampares a mi familia, porque yo sé que voy otra vez a la selva del peligro. Sólo te pido, Señor, que no me sueltes de tu hermosa mano.

Señor mío, te doy gracias por todo y lo poco que me has dado, bueno y malo, aquí en este lugar aprendí muchas cosas buenas y malas, por eso sólo quiero llevarme a casa las cosas buenas. Señor. Gracias por todo.

Amén.

Roberto Palacios R.

ORACIÓN DE GRACIAS

¡Oh! Yahvé, Dios altísimo, aquí estoy en tu presencia. Padre, Hijo y Espíritu Santo, no tengo palabras para agradecerte, sólo te digo gracias, gracias, Padre, porque no me has abandonado, Señor, y te agradezco porque ahora entiendo que todas la pruebas difíciles son para mi bien. Gracias, Señor, porque a través de esta enfermedad que padezco yo sé que es para conocerte más. Gracias, Señor, por estar conmigo cuando supe que tenía cáncer. Gracias, Señor, por los médicos que nos atienden.

¡Oh! Padre, quiero agradecerte por poner tu mirada en mí, si te he ofendido tanto. Sabes, Señor, me siento muy complacida de serte útil, sirviendo a mis hermanos, servirte a Ti es lo más hermoso que me ha pasado en la vida, sé que soy la más pecadora, porque Tú me conoces, así me atrevo a ofrecerte lo que he vivido y lo que me falta para la conversión de mis hermanos, si es que puede servir, sólo te pido que estés conmigo y me des la fuerza necesaria en mi debilidad, por favor. ¡Oh! mi Señor, cómo pagarte tanto, si cada día te debo más, sólo te digo como siempre: gracias, Padre, porque no quiero apartarme de Ti, porque sin Ti no soy nada. ¡Oh! Señor, como siempre te pido que me ayudes a seguir caminando hasta llegar a Ti, gracias, Señor, gracias.

Rufina Pacheco Martínez

Padre celestial:

Veo tu rostro lleno de bondad.
Nos amas con amor incondicional.
Libre albedrío nos das
para hacer el bien o el mal.
Cada quien decidirá;
sin embargo, Tú eres bondad,
por qué actuar mal,
Dios misericordioso
lleno de bondad,
tu amor incondicional nos das.
Que si tristeza tenemos,
Tú te alegras más.
Mamita María,
tu divino rostro veo lleno de bondad,
acércate más y más,
es grande mi necesidad de tu amor
y fortaleza para mis hijos amar,
y que en este hogar haya paz
y tranquilidad.
Te amo, madre del divino Jesús,
Elegida fuiste y también sufriste
el dolor tan grande
de verle morir en la Cruz y con corona de espinas.
Tú sentiste el mismo dolor,
y cada espina pinchó tu corazón,
mi tesoro
amigo me llamó así

me amas como soy
porque has creado muchas cosas
maravillosas para mí,
porque me has creado a tu imagen y semejanza,
libre, inteligente.
En los momentos difíciles siento tu ternura,
tu consuelo, me das
la fuerza, la fortaleza,
me abrazas fuerte, muy fuerte,
y en los momentos de alegría
gozas conmigo.
Amigo, ¿qué más te puedo decir que Tú no sepas?
Conversar contigo es tan sencillo
Papi, te amo.

Vicky Villegas Plata

CARTA A DIOS

Padre mío, te doy gracias por permitirme ver la luz de este nuevo día, por las lecciones recibidas, por las bendiciones recibidas.

Señor, aún no comprendo por qué me acerco a Ti sólo cuando me siento agobiado o cuando no encuentro respuesta, olvidando que Tú estás conmigo a cada momento.

¿Sabes?, yo me negaba a abrirte las puertas de mi corazón, perdiéndome la dicha de sentir tu calor, cuando tengo frío en el alma, o de sentir tu cariño cuando la tristeza se hace presente en mi vida.

Señor, gracias por estar siempre a mi lado, por no desampararme, por dejarme sentir tu calidez en cada rayo de sol, por permitirme recapacitar y darme cuenta de mis errores, por mis padres y hermanos que cada día me acercan más a Ti.

Señor, te agradezco la oportunidad que me das todos los días, por haberme tomado de tu mano y caminar junto a mí, porque desde que te conozco, nada me falta.

Muchos creemos en Ti, pero pocos te dejamos entrar a mostrarnos la grandeza de tu amor.

Sol Raque

A Ti, Dios mío, todopoderoso, creador del cielo y de la Tierra, en estos momentos de oración me postro a tu imagen divina pidiendo perdón de mis pecados. Señor Jesús, he dejado los surcos que habías hecho para mí, ya que son los caminos más alegres y hermosos que nos conducen a nuestros hermanos enfermos.

Padre celestial, mis fuerzas se quebrantaron y caí, necesito de Ti, Padre glorioso y bendito, envíame tu santo espíritu de amor fuego abrasador.

Espíritu divino, en Ti confío que me levantarás, al igual que a mis hermanos misioneros, que por debilidad te fallamos, te amamos y te alabamos, te bendecimos y damos gracias a ti Dios Padre, Dios Hijo y Dios Espíritu Santo. Tú nos amas, Señor, como somos y Tú nos dices ámame como eres, no esperes ser un santo, porque nunca me amarás (ámame como eres) no esperes ser un ángel, porque nunca llegarás a amarme (ámame como eres).

Velina Vázquez Sandoval

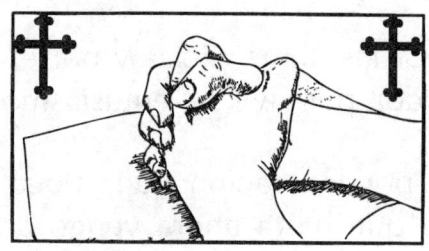

HERMOSA ORACIÓN

Señor, Dios, dueño del tiempo y de la eternidad, tuyo es el hoy y el mañana, el pasado y el futuro. Al terminar un año quiero darte gracias por todo aquello que recibí de Ti.

Gracias por la vida y el amor, por las flores, el aire y el sol, por la alegría y el dolor, por cuanto fue posible y por lo que no pudo ser.

Te ofrezco cuanto hice en años pasados, el trabajo que pude realizar y las cosas que pasaron por mis manos y lo que con ellas pude construir. Te presento las personas que a lo largo de estos meses amé, las amistades nuevas, los más cercanos a mí y los que estén más lejos, los que me dieron su mano y aquellos a los que pude ayudar, con los que compartí la vida, el trabajo, el dolor y la alegría.

Pero también, Señor, hoy quiero pedirte perdón, perdón por el tiempo perdido, por el dinero mal gastado, por la palabra inútil y el amor desperdiciado.

Perdón por las obras vacías y por el trabajo mal hecho, y perdón por vivir sin entusiasmo.

También por la oración que poco a poco fui aplazando y que hasta ahora vengo a presentarte.

Por todos mis olvidos, descuidos y silencios, nuevamente te pido perdón.

Al iniciar un nuevo año detengo mi vida ante el nuevo calendario aún sin estrenar y te presento estos días que sólo Tú sabes si llegaré a vivirlos.

Hoy te pido para mí y los míos la paz y la alegría, la fuerza y la prudencia, la claridad y la sabiduría. Quiero vivir cada día con optimismo y bondad llevando a todas partes un corazón lleno de comprensión y paz.

Cierra mis oídos a toda falsedad y mis labios a palabras mentirosas, egoístas, mordaces o hirientes. Abre en cambio mi ser a todo lo que es bueno, que mi espíritu se llene sólo de bendiciones y las derrame a mi paso.

Cólmame de bondad y de alegría para que cuantos conviven conmigo o se acerquen a mí encuentren en mi vida un poquito de Ti. Danos un año feliz y enséñanos a repartir felicidad.

ORACIÓN POR LA PAZ Y POR LA VIDA

Ángel del Señor,
protégenos de los hombres enfermos
de avaricia y de maldad que buscan
esclavizar a los justos.
Líbranos de los deseos del demonio,
del exterminio.

Líbranos de las pérdidas
y de la destrucción.

Líbranos de la infelicidad de la guerra.
Ayúdanos a percibir el amor
que hay en el universo y hacernos eco
de él para reproducirlo hasta el último
rincón de la Tierra.

En el corazón de la guerra
sólo hay odio;
en el corazón de la vida
sólo debe haber amor,
entonces enséñanos con tu sabiduría,
el verdadero camino de la vida
que es el amor.

Ángel del Señor,
abre nuestros ojos.
Ángel del Señor,

danos integridad de espíritu.
Ángel del Señor,
danos humildad y gratitud.

Enséñanos a buscar la grandeza
y la perfección.

Enséñanos a ser benevolentes
y compasivos.

Guíanos por los senderos del amor,
que es luz, que es comprensión,
tolerancia, perdón, porque de todas
estas cosas está hecha la paz,
y la paz engendra vida.

Guíanos amorosamente hacia la paz,
porque el poder del amor es capaz
de resolver y disipar todo aparente
problema.
La paz es vida ahora y por siempre. ¡Amén!

Oración a mi Dios

Dios, he aprendido a orar por mis semejantes, por mi familia, por mis amigos. No permitas nunca que deje de rezar todos los días.

Al levantarme y girar mi mirada hacia el cielo, siento tu presencia, cosas que antes no sentía.

Gracias Dios, he aprendido a vivir de nuevo, no he perdido los temores, pero sé que con tu energía y luz divina aprenderé a vivir sin temor.

Dios, qué grande es sentir tu llamado, nunca pensé la riqueza que era saber orar y pedir bendiciones todos los días.

Siento mi hogar, mi oficina llena de virtudes que antes no tenía. Pero lo más importante, Dios, es que he logrado llevar esta paz a mi familia, a mis hermanos e iré por todo el mundo pregonando tu Palabra, solicitando tu bendición.

Gracias, es lo que puedo decir Dios. Me has dado brillantes momentos de comunicación contigo y he logrado poco a poco poder levantar mi mejilla, sentir rodar mis lágrimas al hablar contigo; es una gloria cada lágrima que puedo derramar; significa que me estás oyendo, que me escuchas y trataré de no defraudarte, Dios.

Dios, eres lo máximo. Qué grandeza tienes por tus hijos y a veces no sabemos aprovechar tu sabiduría, Dios hazme todos los días digna de mi persona, que podamos corregir nuestros errores, que quitemos el odio de nuestros corazones y podamos brindar amor a quienes lo necesiten; que cuando oremos nos llegue la paz y que todos podamos transmitir tu Palabra.

Tu presencia nos dignifica y nos hace grandes merecedores de tu bendición.

Gracias, Dios.

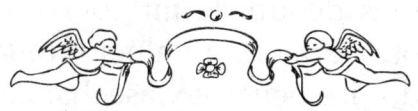

Oración a la Virgen María

Enséñame a amar a tu Hijo divino, dame un amor puro que arde en tu corazón por Él y préstame tu corazón para recibir diariamente en mi corazón a Jesús de la misericordia.

Amén.

Evangelina M.B.

Virgencita María de Guadalupe, mi madrecita milagrosa, eres mi refugio y mi consuelo.

Con tu ternura y tu bondad me has dado fortaleza por la usencia de mi querida mamita; pero sobre todo, me has llenado de tu amor como mi verdadera madre.

Te estoy muy agradecida porque me ves como una hija para Ti. Voy a poner toda mi voluntad por no defraudarte y darte todo mi amor.

Además que con tus bendiciones abogas por mí, ante tu santísimo hijo que es el Dios todopoderoso·y nuestro Padre celestial.

Eres toda pureza y dulzura; me siento muy dichosa de que estés dentro de mi corazón. Gozándote y disfrutándote purificas mi alma y todo mi ser, me cuidas de todos los peligros y asechanzas que hay en todo el mundo; pero sobre todo, me das tu maravillosa bendición.

Gracias a Ti, Santa madrecita, gozo de buena salud y me has enseñado a superar los obstáculos y dificultades que se me presentan en la vida; pero sobre todo, tenerte a mi lado, dándome tu apoyo y hacerme sentir que no estoy sola. Teniendo tu amor no le temo a nada ni a nadie.

Gracias, mi grandiosa madrecita.

Yolanda Elena Aguilar Téllez

Oración a la Sagrada Familia

Sagrada Familia de Nazaret: enséñanos el recogimiento, la interioridad; danos la disposición de escuchar las buenas inspiraciones y las palabras de los verdaderos maestros. Enséñanos la necesidad del trabajo de reparación, del estudio, de la vida interior personal, de la oración que sólo Dios ve en lo secreto; enséñanos lo que es la familia, su comunión de amor, su belleza simple y austera, su carácter sagrado e inviolable.

Amén.

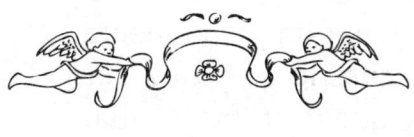

Azul

El azul celeste que extendiste es un pabellón divino que nos cubre como la gallina que cubre a sus pollitos, así nos cubres Señor Eterno.

No dejes que nos salgamos porque nos moriremos de frío.

Padre Eterno, ayúdanos a vivir conforme a tu santa voluntad, Dios mío.

Amén.

Alfonso Rodríguez

A PAPÁ

Papá no sólo me dio su nombre
Él hizo de mí un hombre
y me enseñó que la vida
no es sólo un vergel de rosas
sino también tiene espinas.
Me enseñó que el trabajo
y el pan honradamente ganado
son fuente de alegría.
Papá me enseñó a ser fuerte
y a ser siempre prudente
y a tener limpia la frente
y a tener limpia la mente.
Me enseñó que cada día
hay que disfrutar la vida.
¡Gracias papá, no sólo este día
sino ¡siempre, siempre, siempre!
¡Felicidades!

Yolanda Álvarez Castro

Otros títulos de la colección
Más lectores

- *Acércate a los ángeles y recibe su protección*
- *"Buenos" padres, "malos" hijos*
- *Consejos de oro para mejorar la autoestima en los niños*
- *Diccionario de la interpretación de los sueños*
- *El libro del significado de los sueños*
- *Enseñando valores a los niños – Tesoro invaluable*
- *Ilumina tu camino – Reflexiones para vivir*
- *La Navidad en México – Costumbres y tradiciones*
- *Los ángeles y el Zodiaco*
- *Los más bellos cuentos infantiles*
- *Los más bellos poemas de amor*
- *Nombres para tu bebé*
- *Reflexiones, poemas, frases y pensamientos de amor*
- *Reflexiones, poemas, frases y pensamientos para la familia*
- *Sabiduría en la Biblia para niños*
- *San Judas Tadeo*
- *Semillas de amistad*
- *Semillas de amor*
- *Semillas de felicidad*
- *Semillas de fe – "Oraciones católicas"*
- *Semillas de sabiduría*
- *Tú en el camino de los ángeles*
- *Versos de amor*
  ...y muchos más...

Esta obra se terminó de impri-
mir en los talleres litográficos de
Delfín Editorial, Av. Guillermo
Massieu núm. 38 int. 1, Col. San
José Ticomán, México, D.F.